"一带一路"沿线国家土地利用图集

许尔琪 编制

科学出版社

北京

内 容 简 介

本图集通过整合全球发布的多种土地覆被/利用产品，引入谷歌地球引擎大数据平台，建立了多源土地利用数据融合修正制图方法。该方法既实现了已有土地利用产品可靠信息的提取，又充分发挥了遥感平台的优势、克服了训练样本点不足的难题，实现了"一带一路"沿线核心国家的高精度和高分辨率土地利用制图。

本图集可供自然地理学、土地系统科学、遥感和地理信息系统等专业的科研和教学人员参考，也可为国土、生态、环境和人文等区域和跨国家的应用领域提供翔实资料。

审图号：GS 京（2023）0662 号

图书在版编目（CIP）数据

"一带一路"沿线国家土地利用图集/许尔琪编制. —北京：科学出版社，2023.6

　ISBN 978-7-03-071062-8

　Ⅰ.①一… Ⅱ.①许… Ⅲ.①土地利用图—世界—图集 Ⅳ.①F311-64

中国版本图书馆CIP数据核字（2021）第260883号

责任编辑：杨逢渤／责任校对：杜子昂
责任印制：肖　兴／装帧设计：北京美光设计制版有限公司

科学出版社 出版

北京东黄城根北街16号
邮政编码：100717
http://www.sciencep.com

北京九天鸿程印刷有限责任公司 印刷

科学出版社发行　各地新华书店经销

*

2023年6月第 一 版　开本：787×1092 1/16
2023年6月第一次印刷　印张：6 1/2

定价：200.00元
（如有印装质量问题，我社负责调换）

前 言
Preface

　　土地覆被/利用变化是地球系统科学研究的基础内容，粮食安全与产量评估、森林变化监测与管理及城市用地扩张等都需要及时更新各类土地覆被/利用的专题地图，而数据精度的高低将直接影响研究结果的准确性。目前虽然已发布了众多土地覆被/利用数据产品，但这些数据之间不一致性高、精度难以满足应用需求。对于解决大范围土地覆被/利用制图的困难，大量的文献表明融合已有的土地覆被产品从而获得新的土地覆被产品是有效的方法。尤其是遥感大数据平台的出现，为快速获取和处理遥感影像、实现土地利用分类提供了新的途径，但同时该方法又普遍面临着机器解译参考样本量不足的难题。如何有效应用现有产品和遥感平台实现土地利用高精度制图，既是机遇、又是挑战。

　　现有研究发现无论是算法参数的优化还是分类器的改进，对土地覆被/利用分类精度的贡献仍然比有效、精确且充足的训练样本的贡献要小。因此，从已有土地覆被/利用产品中获取训练样本的方法通常需要一个质量控制机制来选取可靠且有代表性的样本。在中国科学院和科学技术部等有关项目的资助下，编者通过整合现有多源土地利用产品、引入谷歌地球引擎平台，建立了多源土地覆被产品融合的高分辨率及高精度制图技术。该技术通过空间一致性检验和统计筛选方法进行多源产品一致区域判别，在此基础上，基于超像素算法、主成分分析方法和局部采样方法，实现了多源土地覆被产品高分辨率、高精度信息的提取，据此应用机器学习算法修正多源数据不一致区域。该方法既可实现已有土地覆被/利用产品可靠信息的提取，又充分发挥了遥感平台的优势、克服了遥感解译参考样本量不足的缺点，有效解决了海量数据运算的效率提升难题，并可破解多源数据产品融合修正过程中分辨率和精度同时提升的难点。

编者整合了目前已经发布的 8 种土地覆被／利用产品，采用高分辨率及高精度制图新技术开展数据融合和修正，编制了覆盖"一带一路"沿线 65 个典型国家的土地利用图集。本图集以 2015 年为基准时间，空间分辨率为 30m×30m，在"一带一路"典型国家土地利用总体分类精度达到 88.65%，比目前已有各产品精度高约 6%～25%。本图集可为国土空间规划、生态保护修复规划、城市规划等区域和跨国家的应用领域提供翔实资料。

　　在本图集的编制过程中，中国科学院地理科学与资源研究所石玉林院士和张红旗研究员给予了悉心的指导并提出了针对性建议，李科为和金琦提供了帮助和支持，在此表示衷心的感谢。

　　希望本图集的出版能够为土地覆被／利用数据融合和高精度制图提供理论指导、数据支持和案例研究。土地覆被／利用变化的研究十分复杂，限于编者的水平和时间，图集难免存在不足之处，敬请读者批评指正。

编　者

编制说明
Preparation description

本图集整合全球已经发布的 8 种土地覆被 / 利用产品，基于建立的多源土地覆被产品融合的高分辨率及高精度制图技术，实现了覆盖"一带一路"沿线 65 个典型国家的土地利用空间分布图的绘制，以期为国土、生态、环境和人文等相关领域研究和应用提供数据支撑。

一、图集内容

本图集包括总图组和分图组两个部分（表 1），其中，总图组是"一带一路"沿线区域 65 个典型国家的土地利用空间分布图，分图组是"一带一路"沿线区域逐一国家的土地利用空间分布图。

表 1　图集内容构成

序号	图组名称	主要内容
1	总图组	"一带一路"沿线区域 65 个典型国家的土地利用空间分布图及逐一土地利用类型面积比例的空间分布图，包括耕地、林地、草地、灌丛、水体、建设用地、荒漠、冰川积雪、苔原和湿地等 10 个类型
2	分图组	"一带一路"沿线区域逐一国家的土地利用空间分布图，主要包括哈萨克斯坦、吉尔吉斯斯坦、塔吉克斯坦、乌兹别克斯坦、土库曼斯坦、蒙古国、俄罗斯、越南、老挝、柬埔寨、泰国、马来西亚、新加坡、印度尼西亚、文莱、菲律宾、缅甸、东帝汶、印度、巴基斯坦、孟加拉国、尼泊尔、不丹、斯里兰卡、马尔代夫、波兰、捷克、斯洛伐克、匈牙利、斯洛文尼亚、克罗地亚、罗马尼亚、保加利亚、塞尔维亚、黑山、北马其顿、波斯尼亚和黑塞哥维那、阿尔巴尼亚、爱沙尼亚、立陶宛、拉脱维亚、乌克兰、白俄罗斯、摩尔多瓦、土耳其、阿富汗、伊朗、叙利亚、伊拉克、阿拉伯联合酋长国、沙特阿拉伯、卡塔尔、巴林、科威特、黎巴嫩、阿曼、也门、约旦、以色列、巴勒斯坦、亚美尼亚、格鲁吉亚、阿塞拜疆、埃及和中国等 65 个国家

本图集的土地利用类型包括了耕地、林地、草地、灌丛、水体、建设用地、荒漠、冰川积雪、苔原和湿地等 10 个类型（表 2）。

表 2　图集土地利用分类体系

	含义
耕地	种植农作物的土地，包括熟耕地、新开荒地、休闲地、轮歇地、草田轮作地，也包括以种植农作物为主的农果、农桑、农林用地
林地	生长乔木林地、竹林地、疏林地、未成林造林地、采伐迹地、苗圃地等林业用地
草地	以生长草本植物为主，覆盖度在 5% 以上的各类草地，包括以牧为主的灌丛草地和郁闭度在 10% 以下的疏林草地
灌丛	郁闭度 >40%、高度在 2 米以下的矮林地和灌丛林地
水体	河流、湖泊等天然陆地水域和水利设施用地
建设用地	城乡居民点及县镇以外的工矿、交通等用地
荒漠	植被覆盖度在 5% 以下的难利用土地
冰川积雪	常年被冰川和积雪所覆盖的沙漠、戈壁、裸岩和裸地等土地
苔原	以耐寒的北极和北极 - 高山的藓类、地衣、小灌木及多年生草本植物为主组成的植物群落
湿地	植被覆盖度高的湿生草地以及地势平坦低洼、排水不畅、长期潮湿多积水且表层生长湿生草本植被的土地，以及近海及海岸的海涂、珊瑚礁、红树林沼泽等

二、图集编程过程及精度评价

本图集基准时间为 2015 年，范围为"一带一路"沿线的 65 个典型国家，空间分辨率为 30m×30m。采用的数据源包括已经发布的土地覆被／利用产品和遥感影像数据，包括欧洲航天局（ESA）的全球陆地覆盖数据（CCI-LC，300m）、欧盟委员会联合研究中心（JRC）的哥白尼土地覆被数据（CGLS，100m）、清华大学的全球土地覆被数据（FROM-GLC，30m）和美国国家航空航天局（NASA）地球资源观测中心的 MODIS 全球土地覆被数据（MCD12Q1，500m）等 4 个综合土地覆被产品数据，以及美国地质调查局（USGS）的全球耕地数据（GFSAD30，30m）、日本宇宙航空研究开发机构（JAXA）的全球林地数据（PALSAR/PALSAR-2，25m）、欧盟委员会联合研究中心（JRC）的全球水体数据（GSWD，30m）和全球建设用地数据（GHS-BUILT，30m）等4个单一类别土地覆被产品数据。应用的遥感影像包括 Landsat 7 和 Landsat 8 的遥感影像。

图集编制流程如下：①建立统一的土地覆被分类体系，对获取的待处理区域的土地覆被产品进行重分类，并对各土地覆被产品进行预处理；②基于空间一致性检验和统计筛选方法将研究区划分为一致区域和不一致区域；③应用超像素算法和主成分分析，获取高空间分辨率多源土地覆被数据一致区域；④结合局部采样策略，提取训练样本集合；⑤基于谷歌地球引擎平台的海量遥感影像和随机森林算法，进行多源数据不一致区域的土地利用解译，最终生成土地利用空间分布图。

基于谷歌地球的高清影像，我们开展了图集的精度验证。验证点采用分层随机抽样的方法进行获取：首先，按照土地利用类型进行随机抽取了 18401 个 300m×300m 的样区；然后，在每个样区生成 100 个 30m×30m 的验证样点，并采用简单随机抽样方法抽取 10 个样点，共计获得了 184010 个土地利用验证样点。总体分类精度达到 88.65%，比目前已有各产品精度高约 6% ~ 25%，尤其是耕地、林地、水体和荒漠等地类的分类精度均在 90% 以上，满足 1 ： 10 万比例尺的制图精度。

目 录
Contents

总 图

分 图

"一带一路"

沿线国家

土地利用图集

总 图

亚非欧典型国家土地覆被分布

①	斯洛文尼亚
②	克罗地亚
③	波斯尼亚和黑塞哥维那
④	黑山
⑤	阿尔巴尼亚
⑥	北马其顿

在本图集中，亚非欧典型国家指"一带一路"沿线65个典型国家（表1）

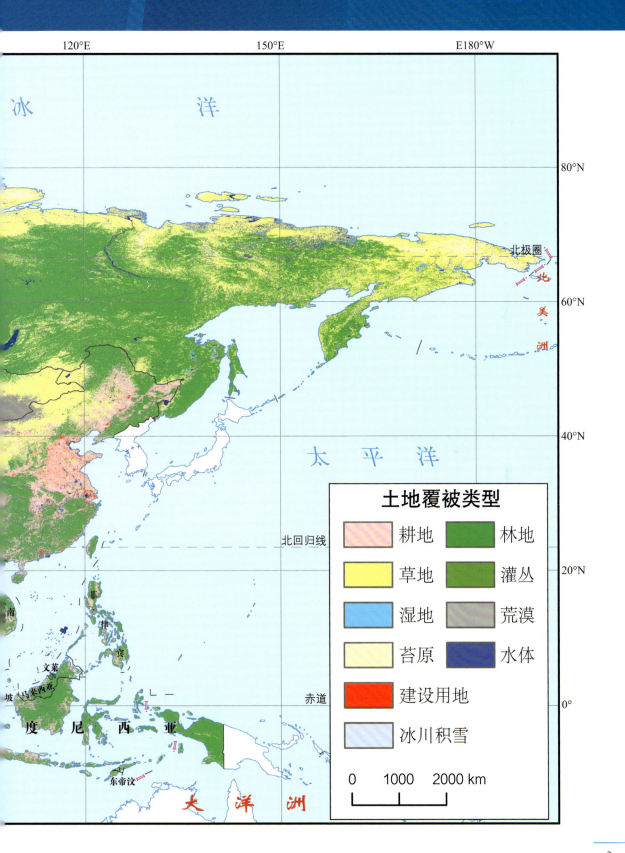

土地覆被类型

耕地	林地
草地	灌丛
湿地	荒漠
苔原	水体
建设用地	
冰川积雪	

0 1000 2000 km

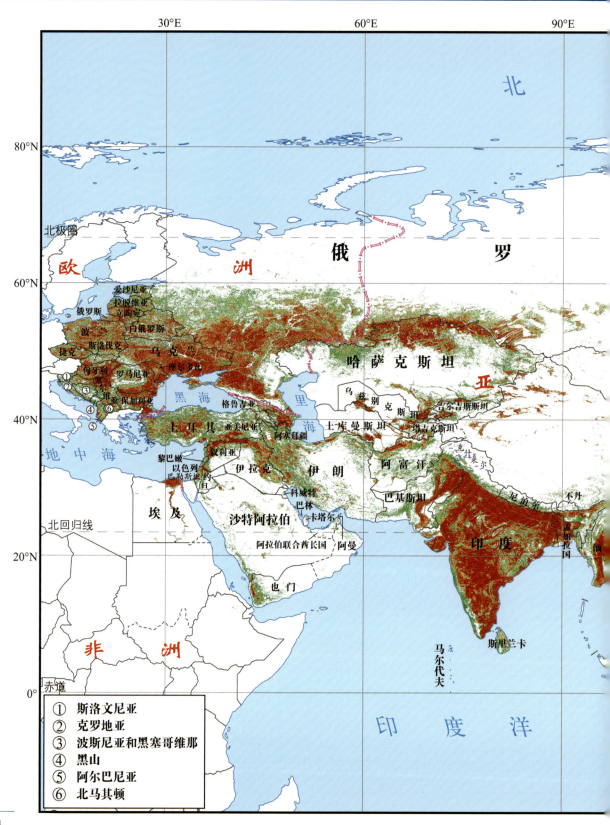

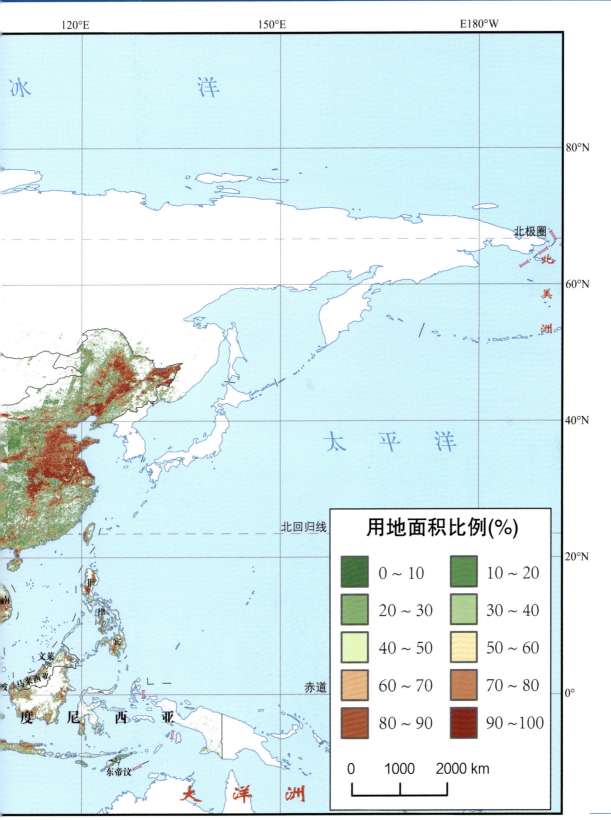

用地面积比例(%)

0 ~ 10
10 ~ 20
20 ~ 30
30 ~ 40
40 ~ 50
50 ~ 60
60 ~ 70
70 ~ 80
80 ~ 90
90 ~ 100

0   1000   2000 km

亚非欧典型国家林地分布

①	斯洛文尼亚
②	克罗地亚
③	波斯尼亚和黑塞哥维那
④	黑山
⑤	阿尔巴尼亚
⑥	北马其顿

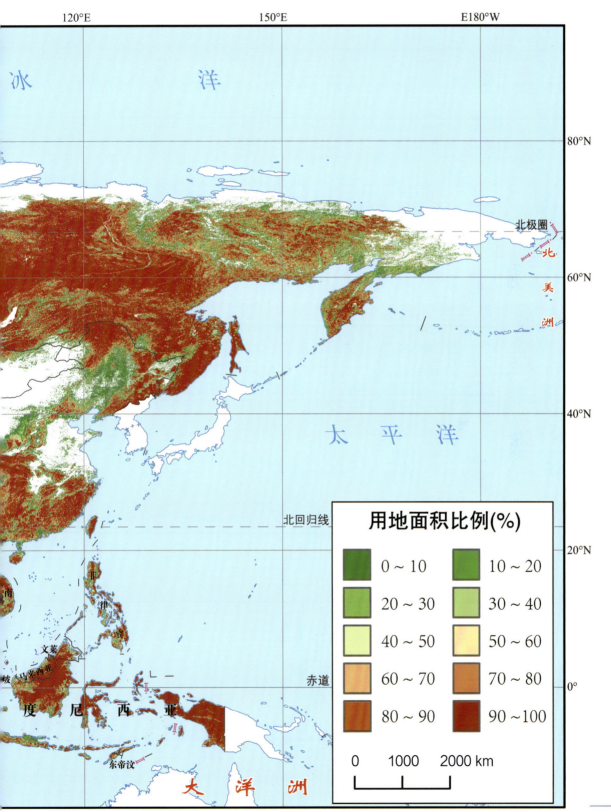

用地面积比例(%)

0 ~ 10   10 ~ 20
20 ~ 30 30 ~ 40
40 ~ 50 50 ~ 60
60 ~ 70 70 ~ 80
80 ~ 90 90 ~ 100

0   1000   2000 km

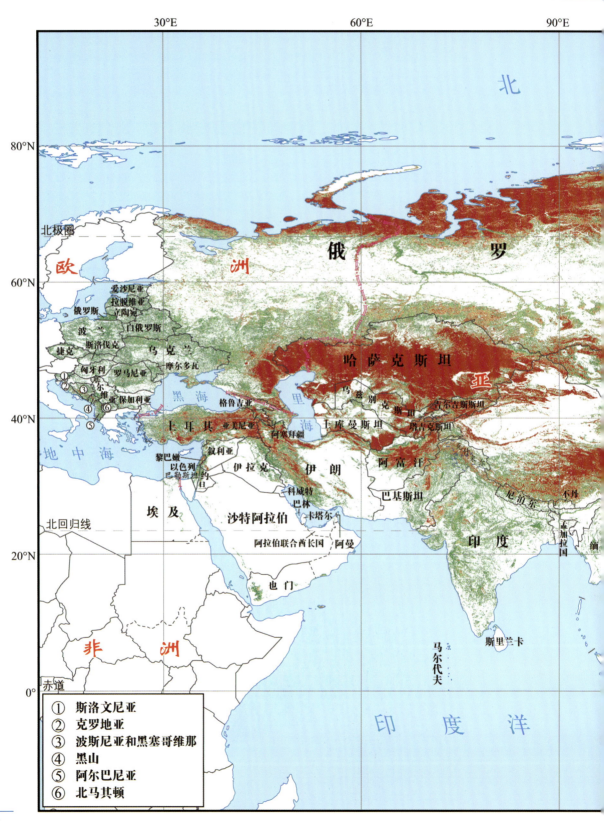

① 斯洛文尼亚
② 克罗地亚
③ 波斯尼亚和黑塞哥维那
④ 黑山
⑤ 阿尔巴尼亚
⑥ 北马其顿

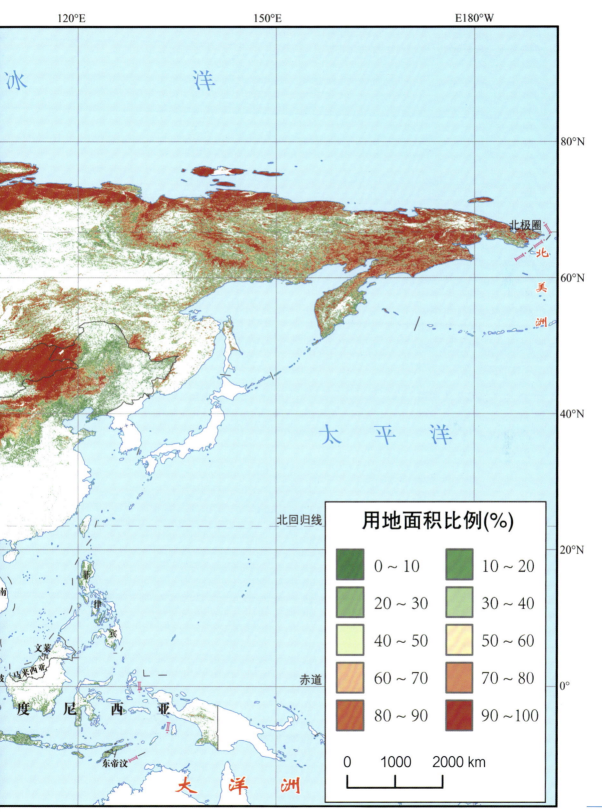

用地面积比例(%)

- 0 ~ 10
- 10 ~ 20
- 20 ~ 30
- 30 ~ 40
- 40 ~ 50
- 50 ~ 60
- 60 ~ 70
- 70 ~ 80
- 80 ~ 90
- 90 ~ 100

0   1000   2000 km

① 斯洛文尼亚
② 克罗地亚
③ 波斯尼亚和黑塞哥维那
④ 黑山
⑤ 阿尔巴尼亚
⑥ 北马其顿

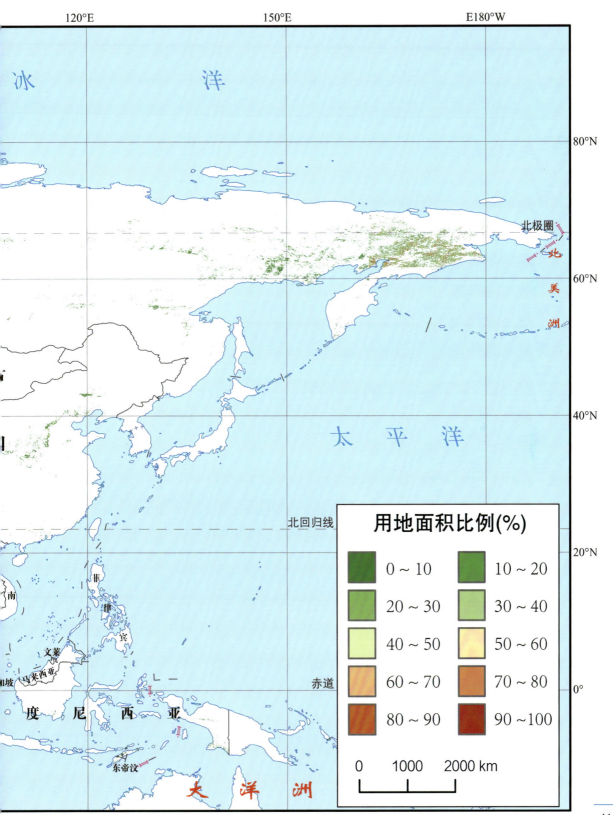

120°E　　　　　　　　150°E　　　　　　　E180°W

80°N

北极圈

60°N

冰　　　　洋

北
美
洲

40°N

太　平　洋

20°N

北回归线

菲

律

宾

文莱

马来西亚

赤道

度　尼　西　亚

东帝汶

大　　洋　　洲

用地面积比例(%)

0 ~ 10	10 ~ 20
20 ~ 30	30 ~ 40
40 ~ 50	50 ~ 60
60 ~ 70	70 ~ 80
80 ~ 90	90 ~ 100

0　　1000　　2000 km

① 斯洛文尼亚
② 克罗地亚
③ 波斯尼亚和黑塞哥维那
④ 黑山
⑤ 阿尔巴尼亚
⑥ 北马其顿

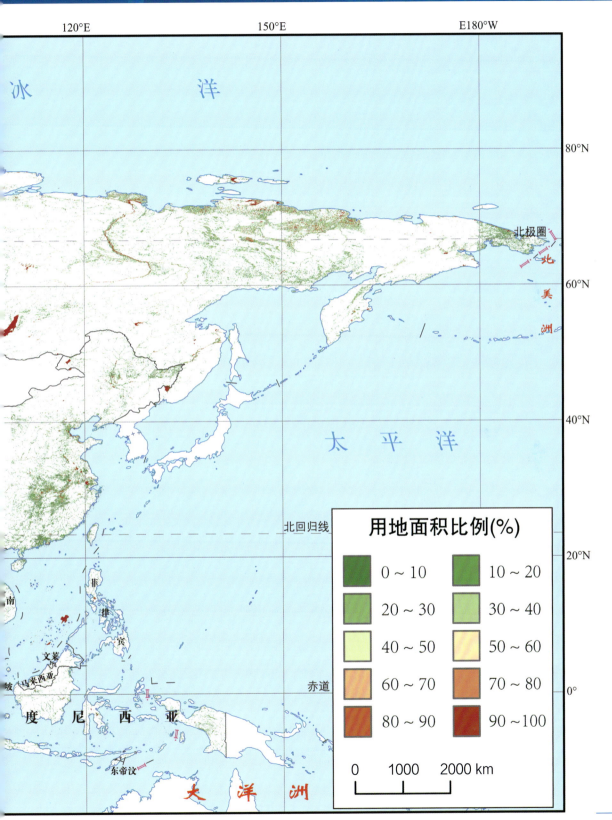

用地面积比例(%)

0 ~ 10	10 ~ 20
20 ~ 30	30 ~ 40
40 ~ 50	50 ~ 60
60 ~ 70	70 ~ 80
80 ~ 90	90 ~ 100

0   1000   2000 km

亚非欧典型国家建设用地分布

① 斯洛文尼亚
② 克罗地亚
③ 波斯尼亚和黑塞哥维那
④ 黑山
⑤ 阿尔巴尼亚
⑥ 北马其顿

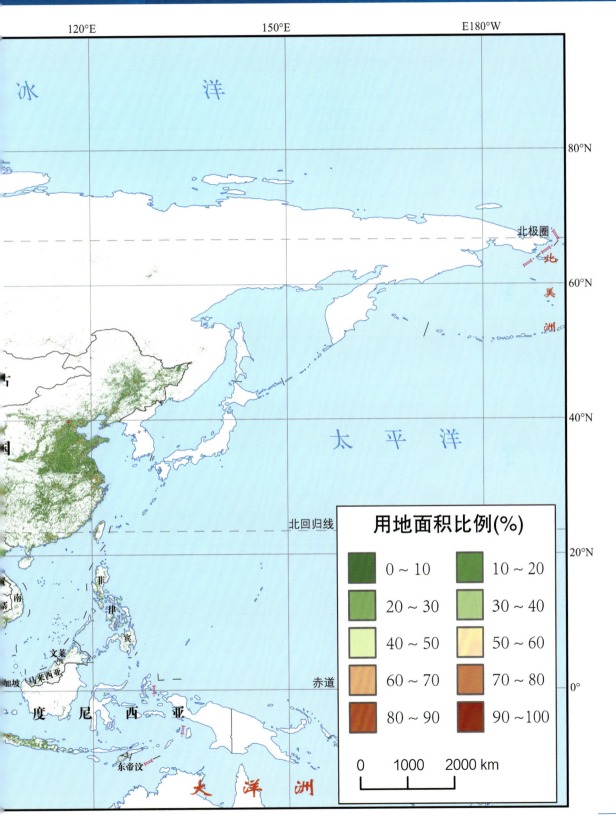

用地面积比例(%)

	0～10		10～20
	20～30		30～40
	40～50		50～60
	60～70		70～80
	80～90		90～100

0   1000   2000 km

亚非欧典型国家荒漠分布

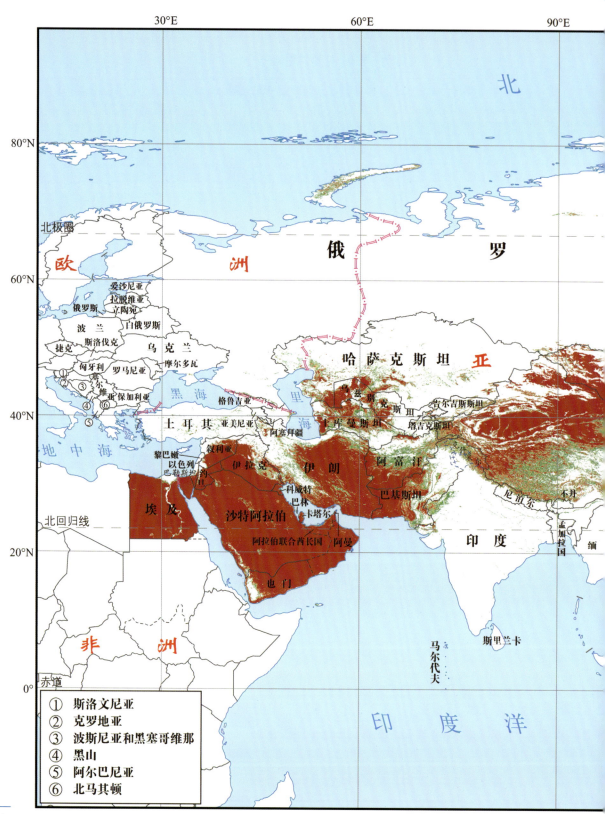

① 斯洛文尼亚
② 克罗地亚
③ 波斯尼亚和黑塞哥维那
④ 黑山
⑤ 阿尔巴尼亚
⑥ 北马其顿

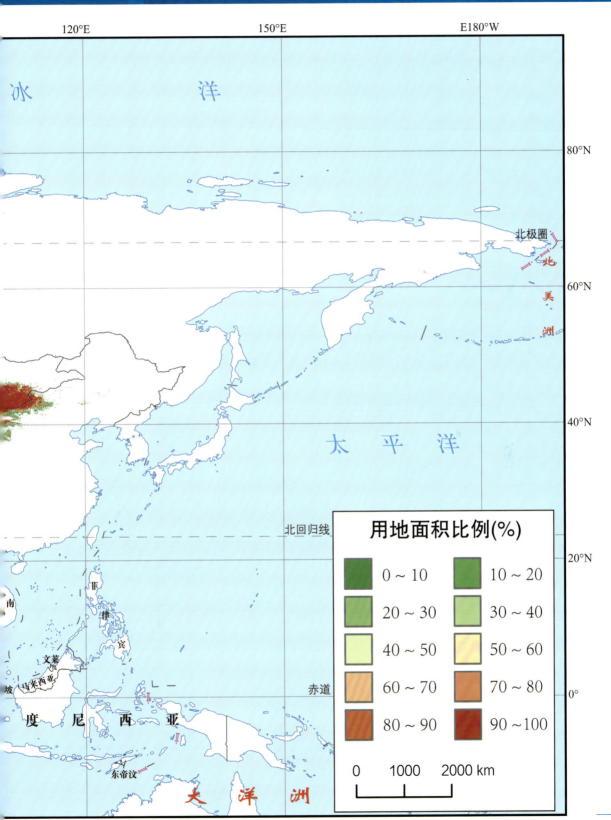

冰　　洋

120°E

150°E

E180°W

80°N

北极圈

北
美
洲

60°N

太　平　洋

40°N

北回归线

20°N

菲
律
宾

南

文莱

马来西亚

赤道

0°

度　尼　西　亚

东帝汶

大　洋　洲

用地面积比例(%)

0 ~ 10		10 ~ 20
20 ~ 30		30 ~ 40
40 ~ 50		50 ~ 60
60 ~ 70		70 ~ 80
80 ~ 90		90 ~ 100

0　　1000　　2000 km

① 斯洛文尼亚
② 克罗地亚
③ 波斯尼亚和黑塞哥维那
④ 黑山
⑤ 阿尔巴尼亚
⑥ 北马其顿

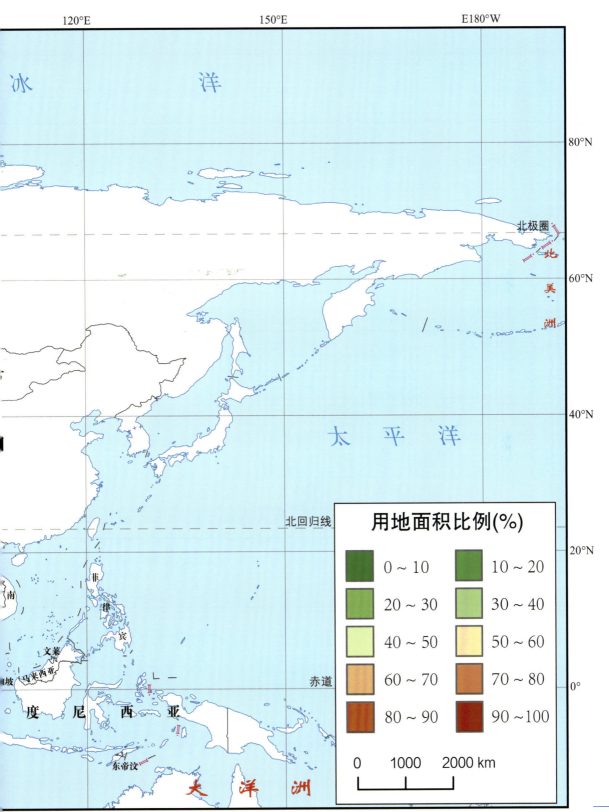

① 斯洛文尼亚
② 克罗地亚
③ 波斯尼亚和黑塞哥维那
④ 黑山
⑤ 阿尔巴尼亚
⑥ 北马其顿

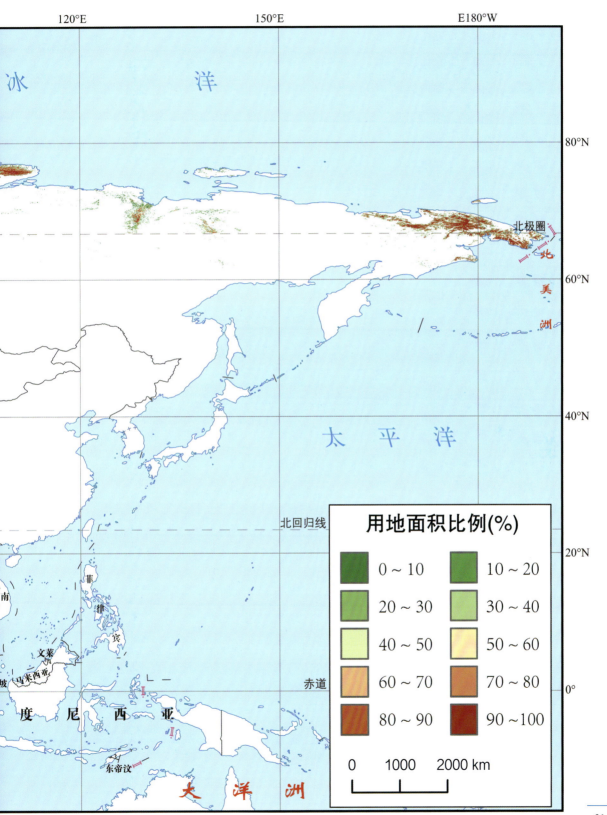

120°E   150°E   E180°W

冰　　　洋

太　平　洋

北极圈

北　美　洲

北回归线

赤道

度　尼　西　亚

大　洋　洲

80°N

60°N

40°N

20°N

0°

文莱
马来西亚
坡
度

菲
律
宾

东帝汶

用地面积比例(%)

0 ~ 10		10 ~ 20
20 ~ 30		30 ~ 40
40 ~ 50		50 ~ 60
60 ~ 70		70 ~ 80
80 ~ 90		90 ~ 100

0   1000   2000 km

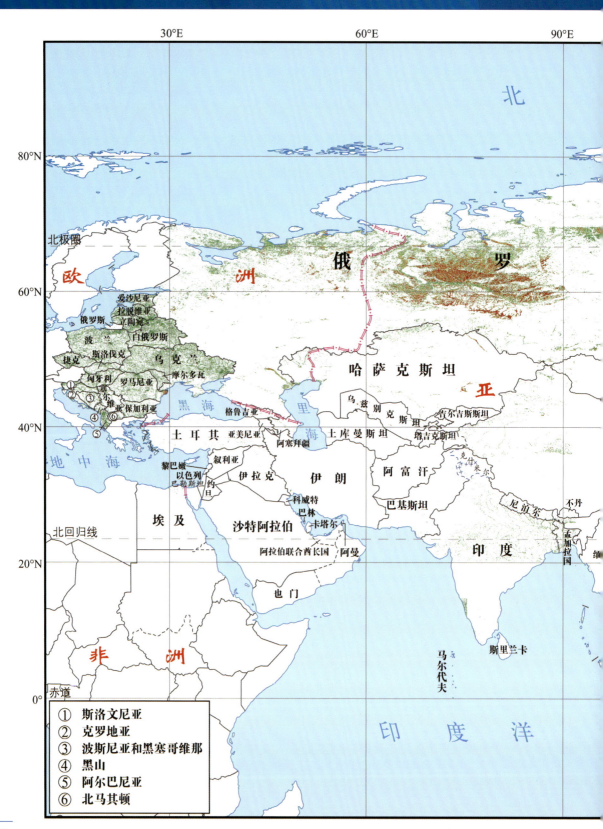

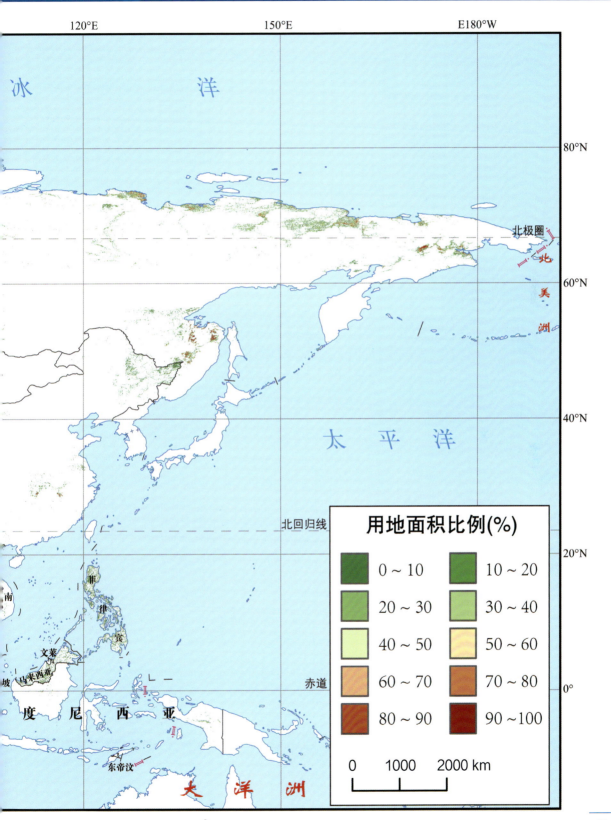

用地面积比例(%)

0 ~ 10   10 ~ 20
20 ~ 30   30 ~ 40
40 ~ 50   50 ~ 60
60 ~ 70   70 ~ 80
80 ~ 90   90 ~ 100

0   1000   2000 km

分 图

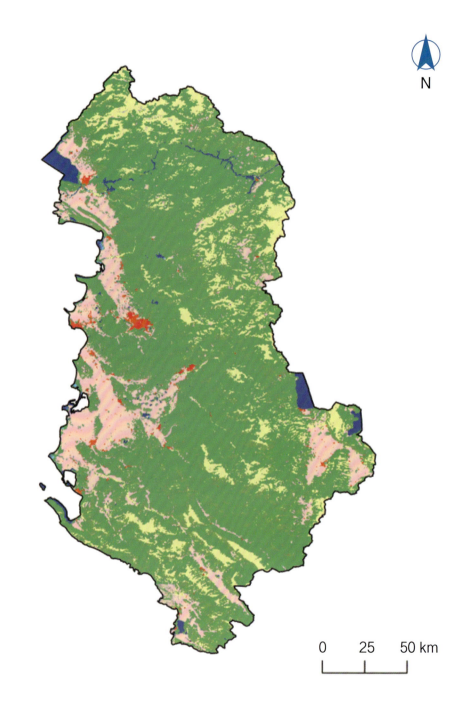

N

土地覆被类型

耕地	林地	草地	灌丛	建设用地
水体	湿地	荒漠	苔原	冰川积雪

N

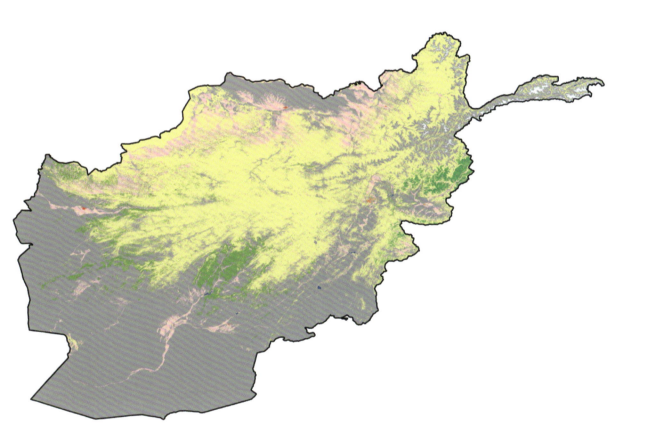

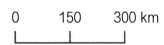
0   150   300 km

土地覆被类型

| 耕地 | 林地 | 草地 | 灌丛 | 建设用地 |
| 水体 | 湿地 | 荒漠 | 苔原 | 冰川积雪 |

N

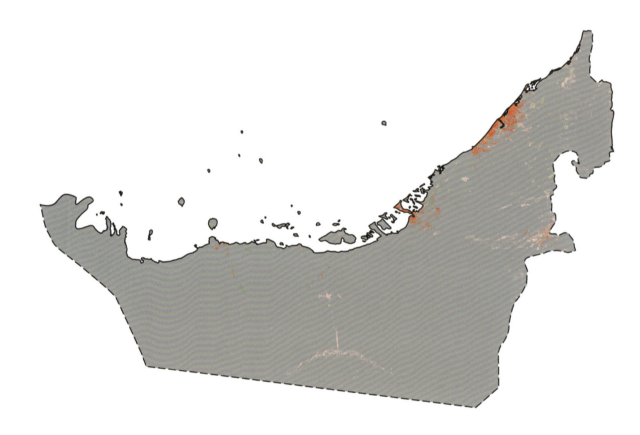

0   40   80 km

土地覆被类型

耕地		林地		草地		灌丛		建设用地
水体		湿地		荒漠		苔原		冰川积雪

N

0 40 80 km

土地覆被类型

	耕地		林地		草地		灌丛		建设用地
	水体		湿地		荒漠		苔原		冰川积雪

阿塞拜疆

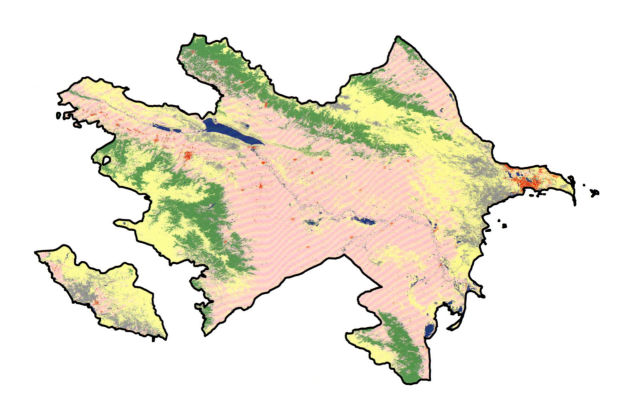

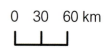

土地覆被类型

埃及

N

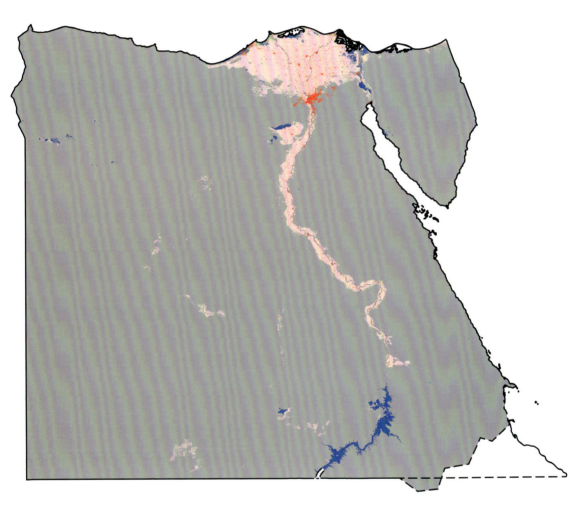

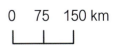

0　75　150 km

土地覆被类型

耕地	林地	草地	灌丛	建设用地
水体	湿地	荒漠	苔原	冰川积雪

N

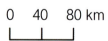

0   40   80 km

土地覆被类型

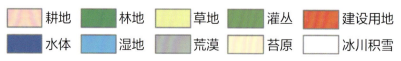

耕地　林地　草地　灌丛　建设用地
水体　湿地　荒漠　苔原　冰川积雪

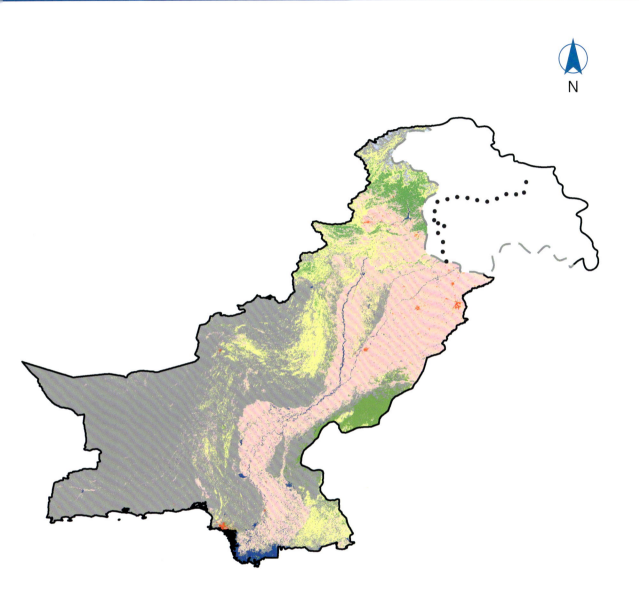

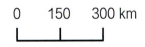

土地覆被类型

耕地　林地　草地　灌丛　建设用地
水体　湿地　荒漠　苔原　冰川积雪

N

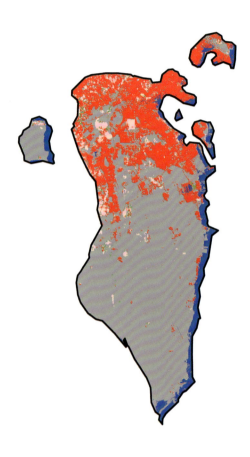

土地覆被类型

耕地	林地	草地	灌丛	建设用地	
水体	湿地	荒漠	苔原	冰川积雪	

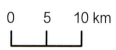

0   5   10 km

N

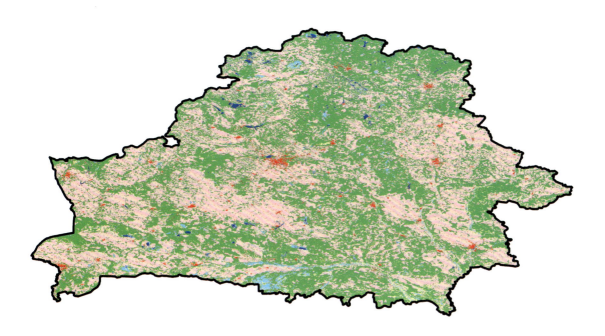

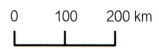

0   100   200 km

土地覆被类型

	耕地		林地		草地		灌丛		建设用地
	水体		湿地		荒漠		苔原		冰川积雪

保加利亚

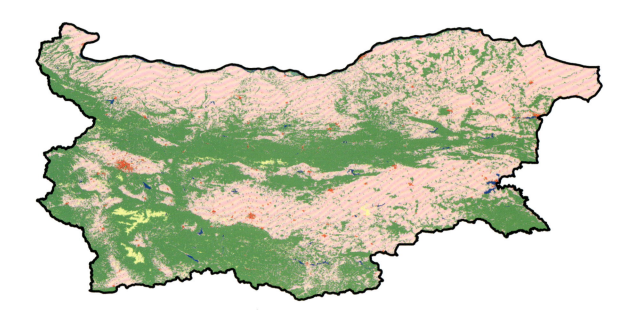

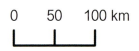

土地覆被类型

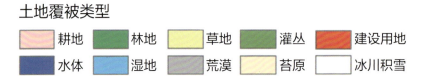

N

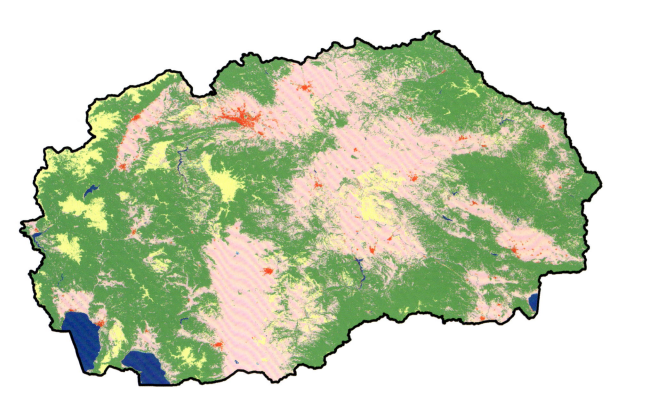

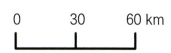

0　　　　30　　　　60 km

土地覆被类型

	耕地		林地		草地		灌丛		建设用地
	水体		湿地		荒漠		苔原		冰川积雪

N

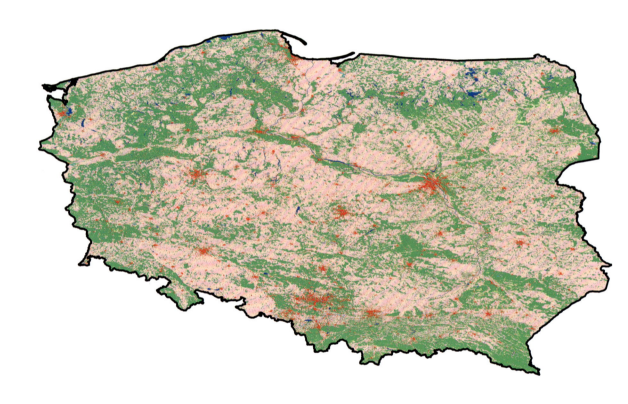

0　50　100 km

土地覆被类型

| | 耕地 | | 林地 | | 草地 | | 灌丛 | | 建设用地 |
| | 水体 | | 湿地 | | 荒漠 | | 苔原 | | 冰川积雪 |

波斯尼亚和黑塞哥维那

N

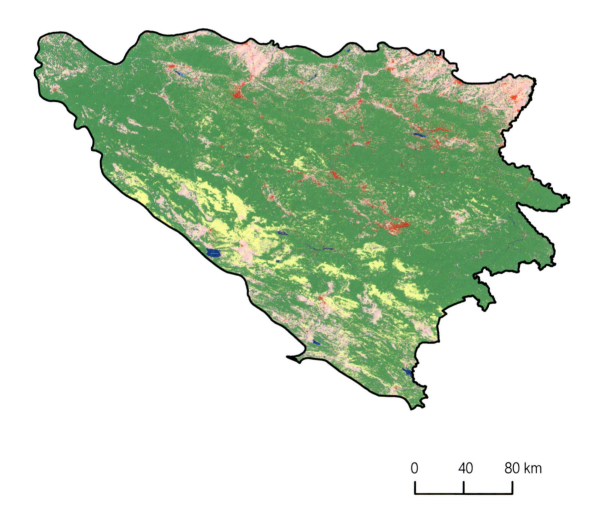

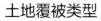

0   40   80 km

土地覆被类型

耕地　　林地　　草地　　灌丛　　建设用地

水体　　湿地　　荒漠　　苔原　　冰川积雪

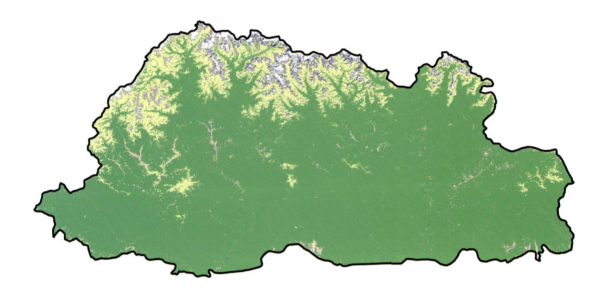

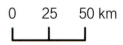

土地覆被类型

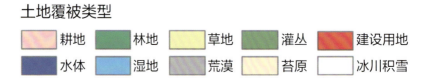

N

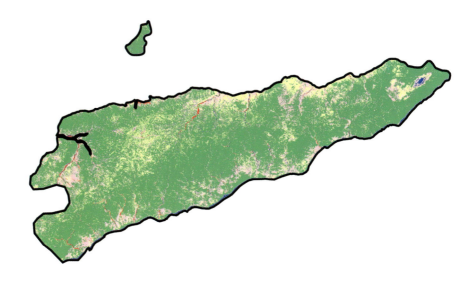

0   25   50 km

土地覆被类型

| | 耕地 | | 林地 | | 草地 | | 灌丛 | | 建设用地 |
| | 水体 | | 湿地 | | 荒漠 | | 苔原 | | 冰川积雪 |

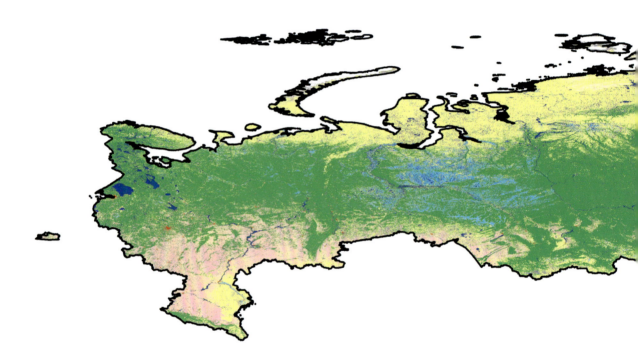

N

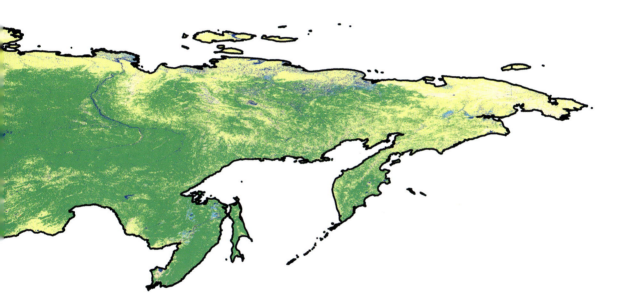

0 1000 2000 km

土地覆被类型

| | 耕地 | | 林地 | | 草地 | | 灌丛 | | 建设用地 |
| | 水体 | | 湿地 | | 荒漠 | | 苔原 | | 冰川积雪 |

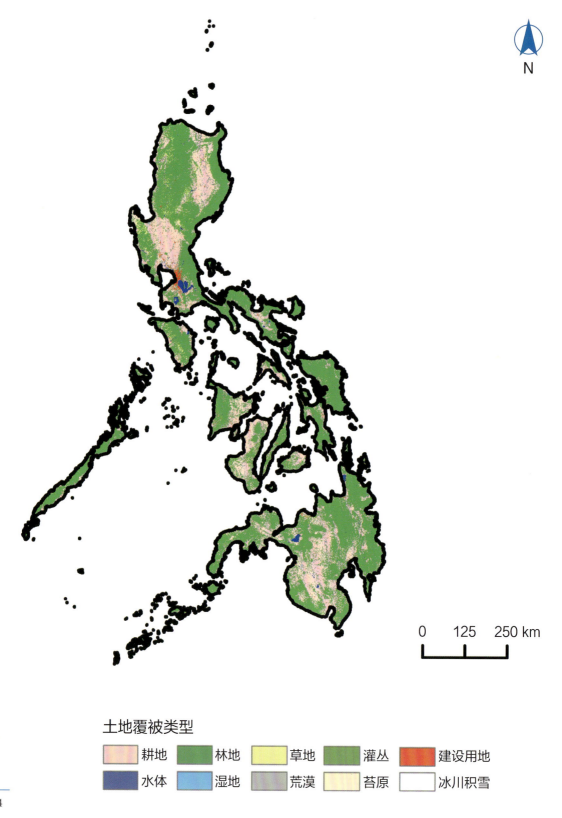

N

土地覆被类型

耕地　　林地　　草地　　灌丛　　建设用地

水体　　湿地　　荒漠　　苔原　　冰川积雪

0　　125　　250 km

N

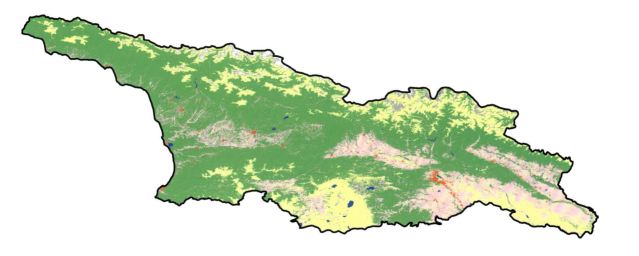

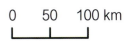

0   50   100 km

土地覆被类型

耕地 　林地 　草地 　灌丛 　建设用地

水体 　湿地 　荒漠 　苔原 　冰川积雪

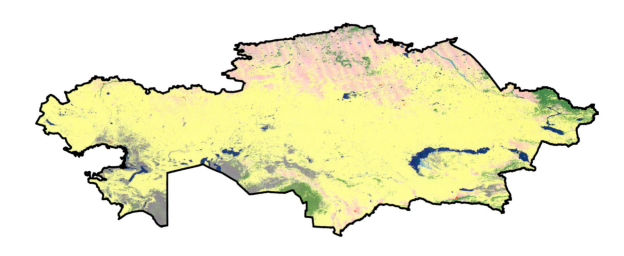

0 250 500 km

土地覆被类型

耕地　　林地　　草地　　灌丛　　建设用地

水体　　湿地　　荒漠　　苔原　　冰川积雪

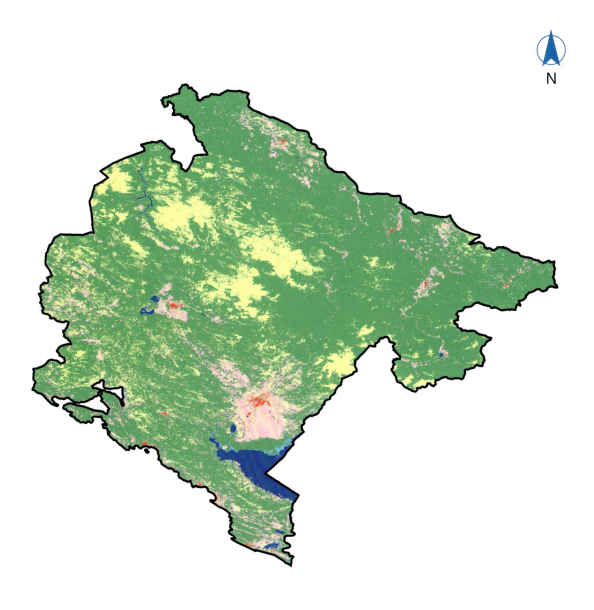

N

土地覆被类型

耕地　　林地　　草地　　灌丛　　建设用地

水体　　湿地　　荒漠　　苔原　　冰川积雪

N

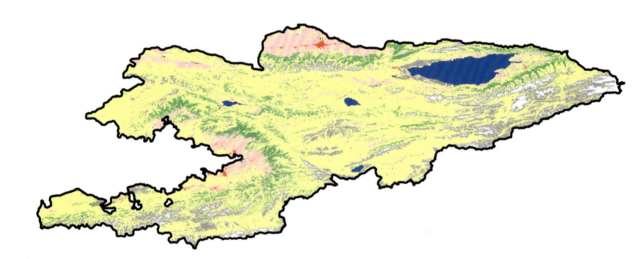

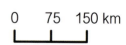

0   75   150 km

土地覆被类型

N

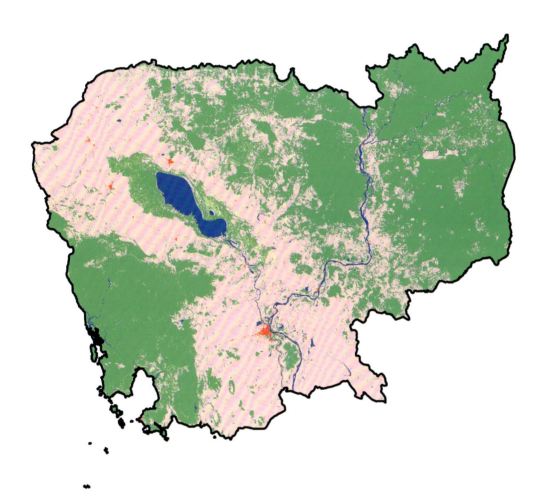

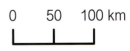

0   50   100 km

土地覆被类型

耕地　　林地　　草地　　灌丛　　建设用地

水体　　湿地　　荒漠　　苔原　　冰川积雪

N

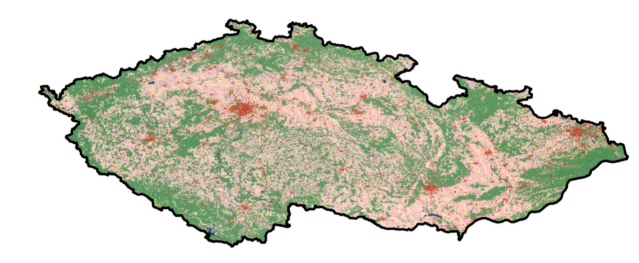

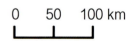

0   50   100 km

土地覆被类型

耕地	林地	草地	灌丛	建设用地
水体	湿地	荒漠	苔原	冰川积雪

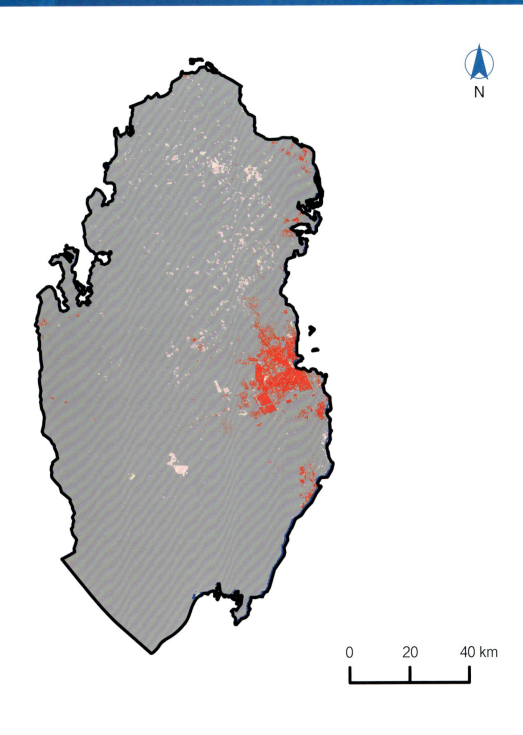

N

0   20   40 km

土地覆被类型

| 耕地 | 林地 | 草地 | 灌丛 | 建设用地 |
| 水体 | 湿地 | 荒漠 | 苔原 | 冰川积雪 |

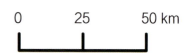

土地覆被类型

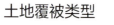

	耕地		林地		草地		灌丛		建设用地
	水体		湿地		荒漠		苔原		冰川积雪

N

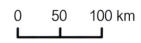

0　　50　　100 km

土地覆被类型

| | 耕地 | | 林地 | | 草地 | | 灌丛 | | 建设用地 |
| | 水体 | | 湿地 | | 荒漠 | | 苔原 | | 冰川积雪 |

N

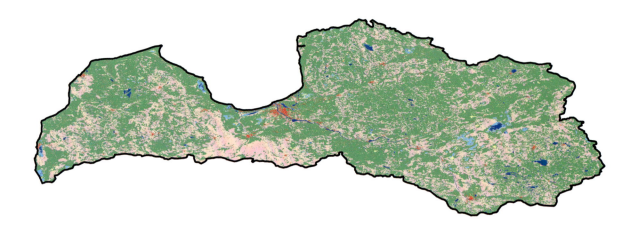

0　　50　　100 km

土地覆被类型

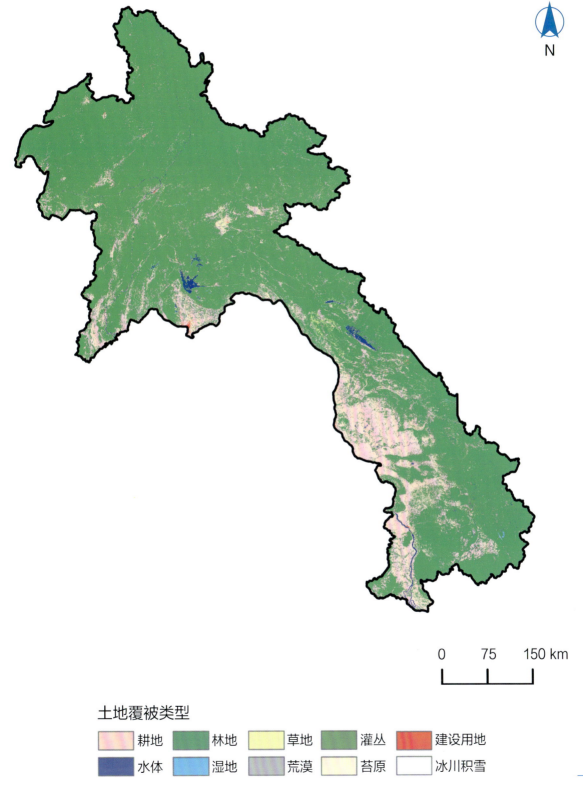

N

0　　　75　　150 km

土地覆被类型

耕地	林地	草地	灌丛	建设用地
水体	湿地	荒漠	苔原	冰川积雪

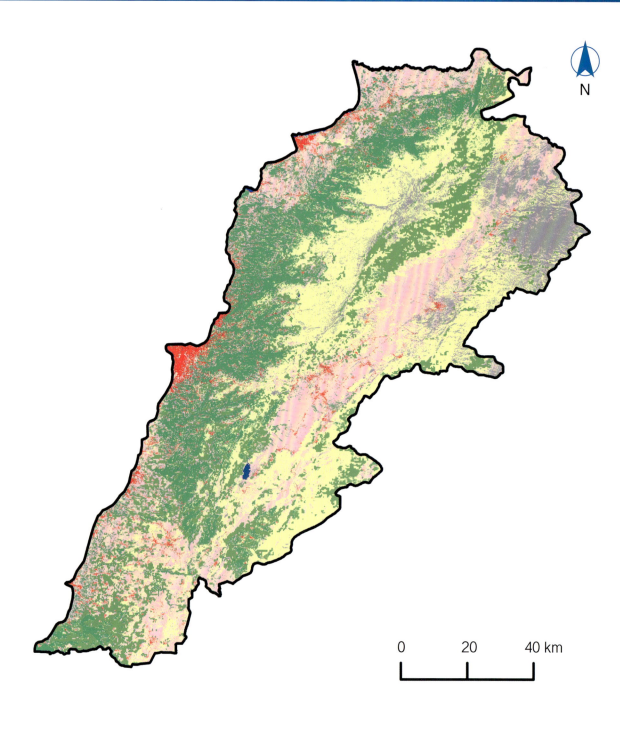

土地覆被类型

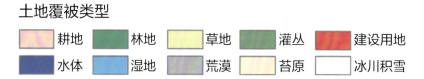

耕地　林地　草地　灌丛　建设用地
水体　湿地　荒漠　苔原　冰川积雪

N

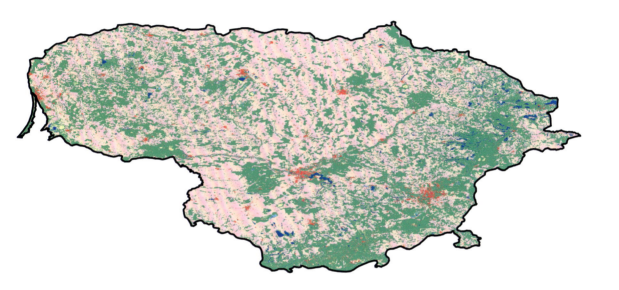

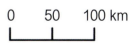

0   50   100 km

土地覆被类型

耕地	林地	草地	灌丛	建设用地
水体	湿地	荒漠	苔原	冰川积雪

N

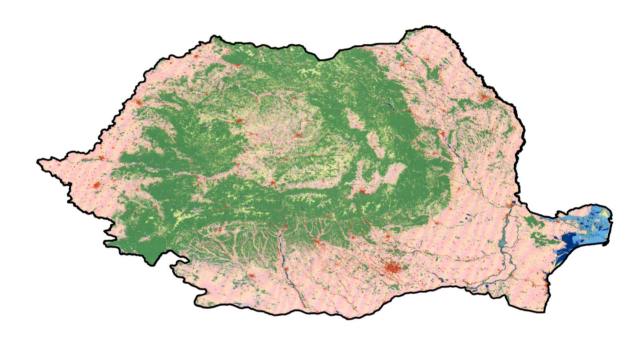

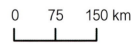

0   75   150 km

土地覆被类型

耕地　　　林地　　　草地　　　灌丛　　　建设用地

水体　　　湿地　　　荒漠　　　苔原　　　冰川积雪

N

土地覆被类型

耕地		林地		草地		灌丛		建设用地
水体		湿地		荒漠		苔原		冰川积雪

0 40 80 km

N

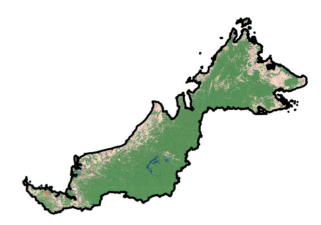

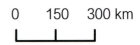

0   150   300 km

土地覆被类型

耕地　林地　草地　灌丛　建设用地

水体　湿地　荒漠　苔原　冰川积雪

N

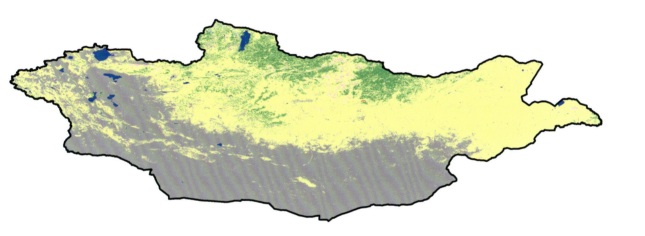

0   190 380 km

土地覆被类型

| | 耕地 | | 林地 | | 草地 | | 灌丛 | | 建设用地 |
| | 水体 | | 湿地 | | 荒漠 | | 苔原 | | 冰川积雪 |

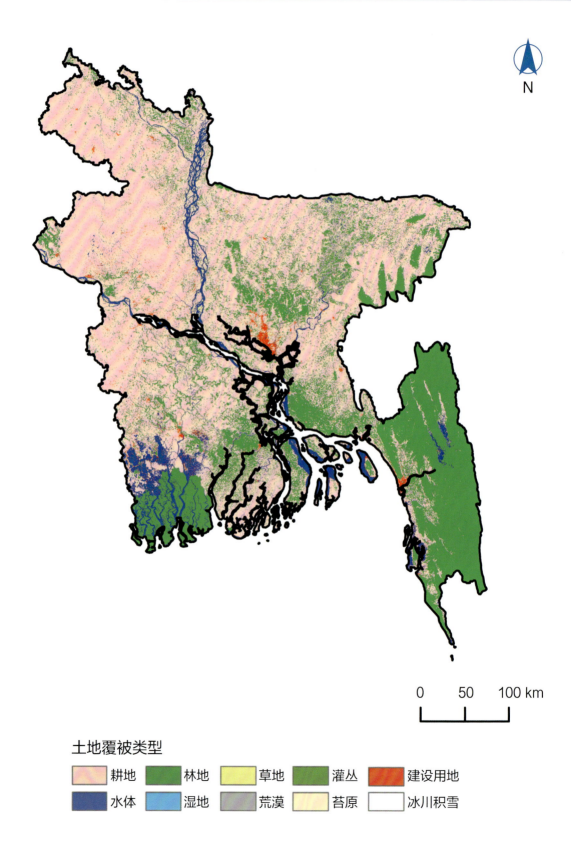

N

0   50   100 km

土地覆被类型

耕地	林地	草地	灌丛	建设用地
水体	湿地	荒漠	苔原	冰川积雪

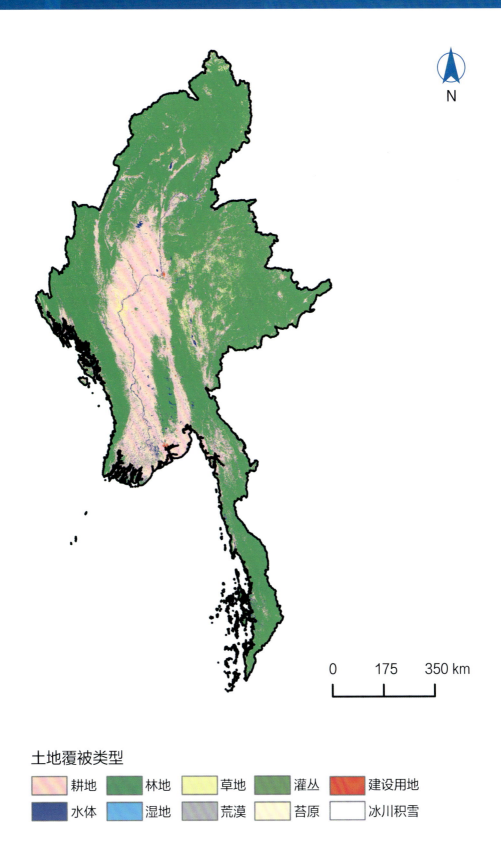

N

0   175   350 km

土地覆被类型

耕地	林地	草地	灌丛	建设用地	
水体	湿地	荒漠	苔原	冰川积雪	

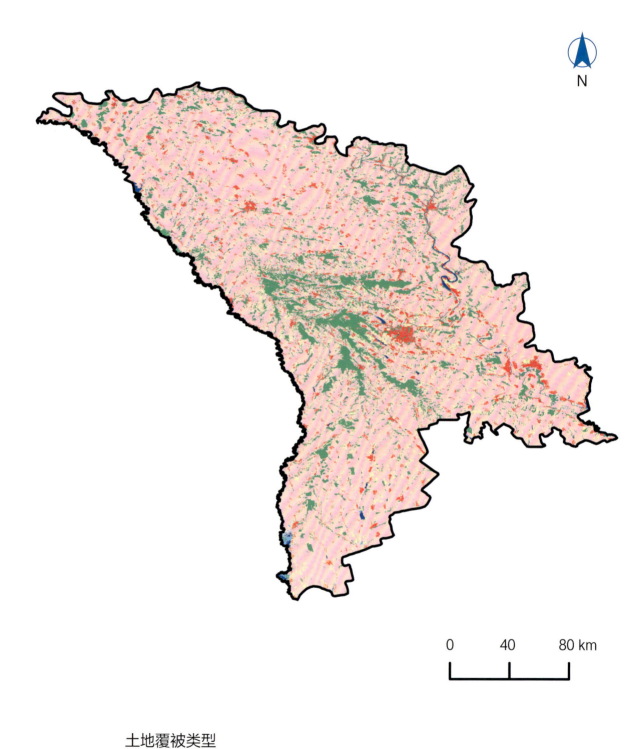

N

0   40   80 km

土地覆被类型

耕地	林地	草地	灌丛	建设用地
水体	湿地	荒漠	苔原	冰川积雪

N

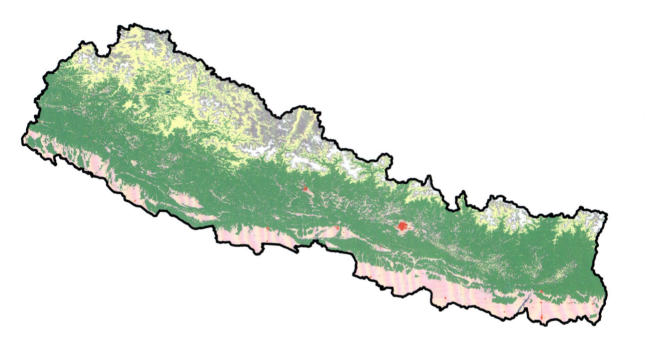

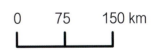

0　　75　　150 km

土地覆被类型

| | 耕地 | | 林地 | | 草地 | | 灌丛 | | 建设用地 |
| | 水体 | | 湿地 | | 荒漠 | | 苔原 | | 冰川积雪 |

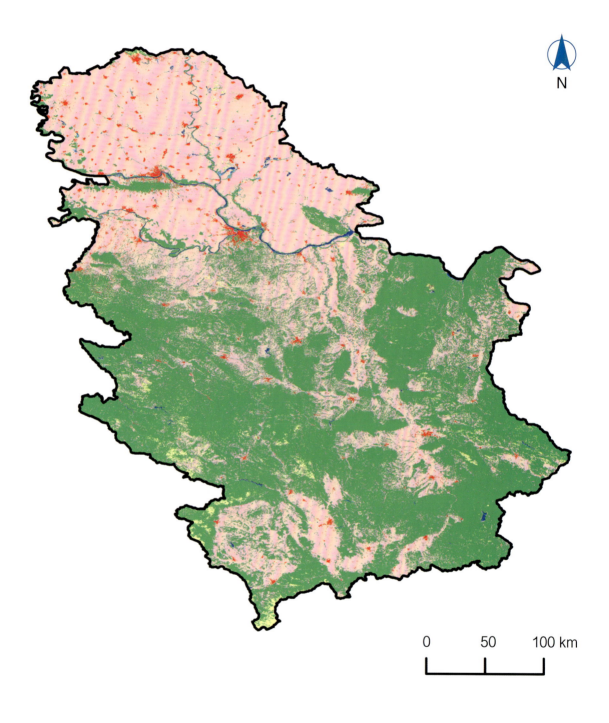

N

0　　　50　　　100 km

土地覆被类型

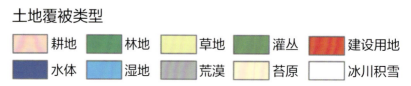

耕地　林地　草地　灌丛　建设用地
水体　湿地　荒漠　苔原　冰川积雪

沙特阿拉伯

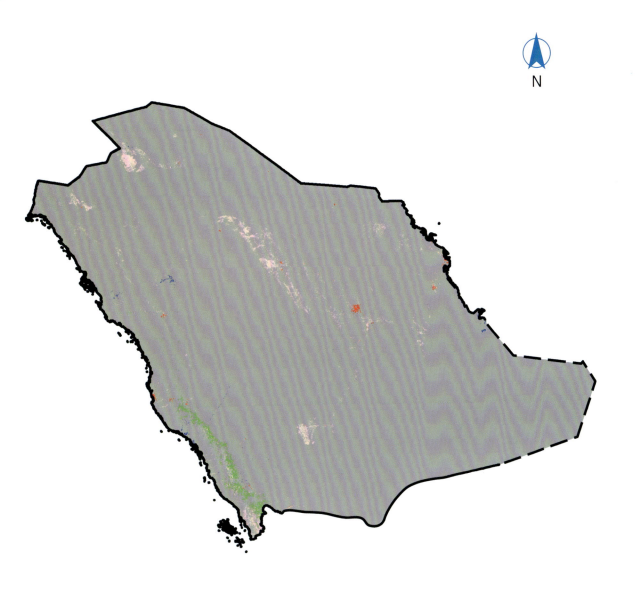

N

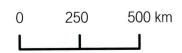

0   250   500 km

土地覆被类型

| | 耕地 | | 林地 | | 草地 | | 灌丛 | | 建设用地 |
| | 水体 | | 湿地 | | 荒漠 | | 苔原 | | 冰川积雪 |

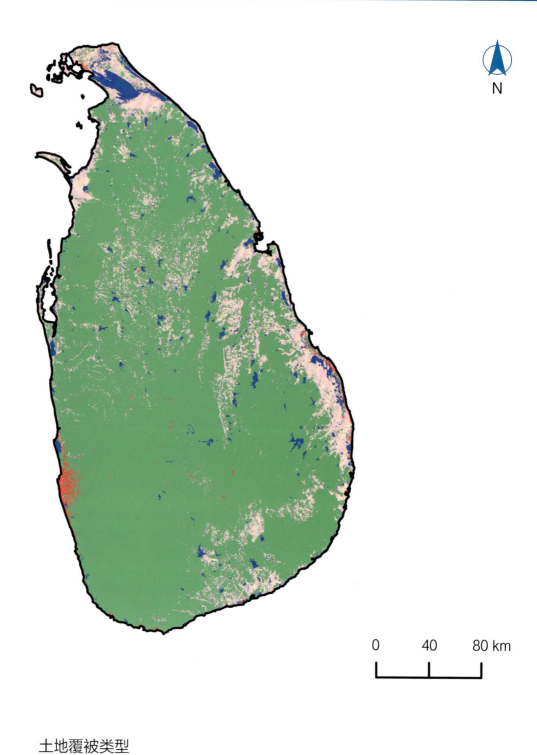

N

0   40   80 km

土地覆被类型

耕地　　　林地　　　草地　　　灌丛　　　建设用地

水体　　　湿地　　　荒漠　　　苔原　　　冰川积雪

N

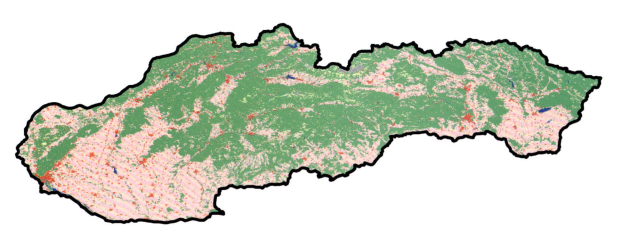

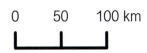

0   50   100 km

土地覆被类型

耕地　　林地　　草地　　灌丛　　建设用地

水体　　湿地　　荒漠　　苔原　　冰川积雪

斯洛文尼亚

N

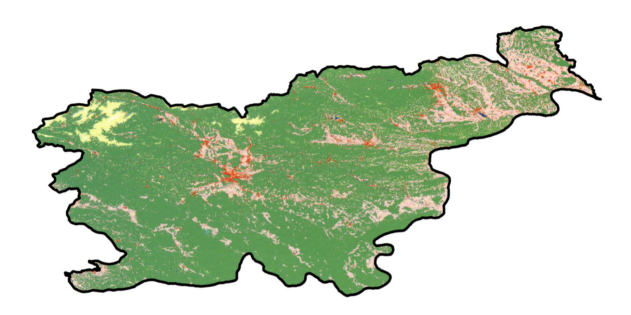

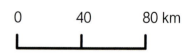

土地覆被类型

塔吉克斯坦

N

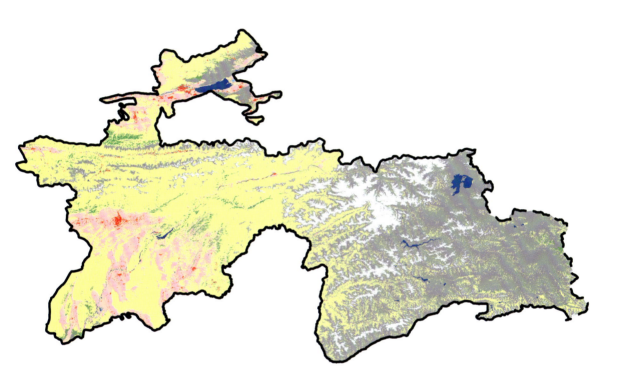

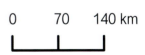

0   70   140 km

土地覆被类型

耕地　　林地　　草地　　灌丛　　建设用地

水体　　湿地　　荒漠　　苔原　　冰川积雪

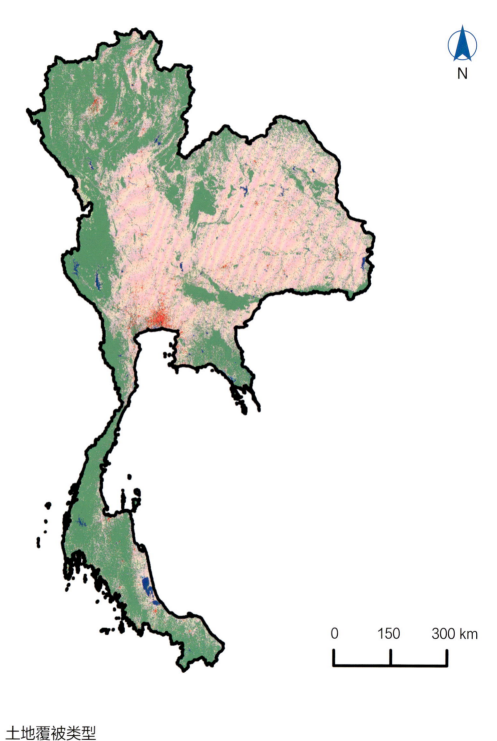

N

0   150   300 km

土地覆被类型

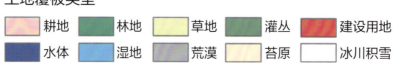

耕地　　林地　　草地　　灌丛　　建设用地
水体　　湿地　　荒漠　　苔原　　冰川积雪

N

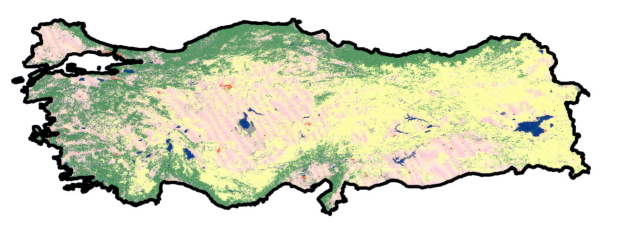

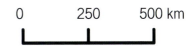

0　　　　250　　　　500 km

土地覆被类型

| | 耕地 | | 林地 | | 草地 | | 灌丛 | | 建设用地 |
| | 水体 | | 湿地 | | 荒漠 | | 苔原 | | 冰川积雪 |

土库曼斯坦

N

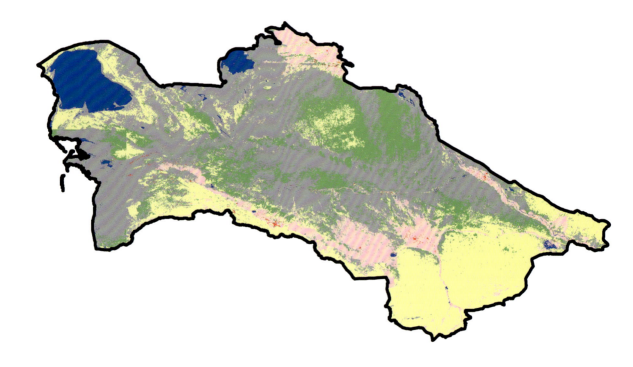

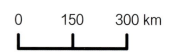

0   150   300 km

土地覆被类型

| 耕地 | 林地 | 草地 | 灌丛 | 建设用地 |
| 水体 | 湿地 | 荒漠 | 苔原 | 冰川积雪 |

N

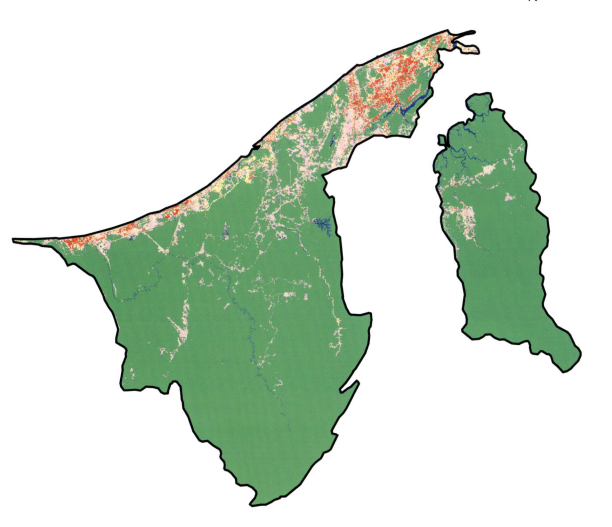

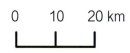

0   10   20 km

土地覆被类型

耕地	林地	草地	灌丛	建设用地	
水体	湿地	荒漠	苔原	冰川积雪	

N

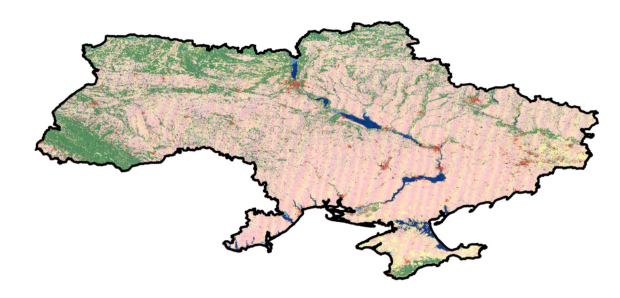

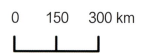

0   150   300 km

土地覆被类型

耕地　　林地　　草地　　灌丛　　建设用地

水体　　湿地　　荒漠　　苔原　　冰川积雪

乌兹别克斯坦

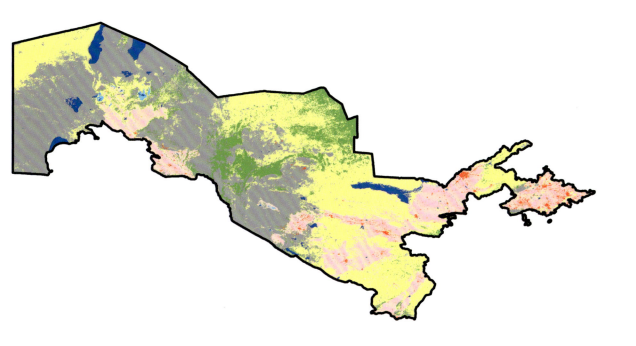

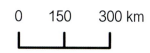

土地覆被类型

耕地	林地	草地	灌丛	建设用地	
水体	湿地	荒漠	苔原	冰川积雪	

N

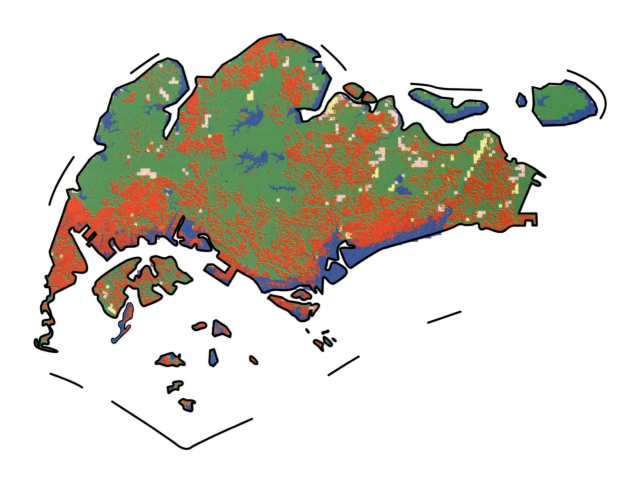

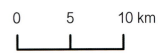

0   5   10 km

土地覆被类型

| | 耕地 | | 林地 | | 草地 | | 灌丛 | | 建设用地 |
| | 水体 | | 湿地 | | 荒漠 | | 苔原 | | 冰川积雪 |

匈牙利

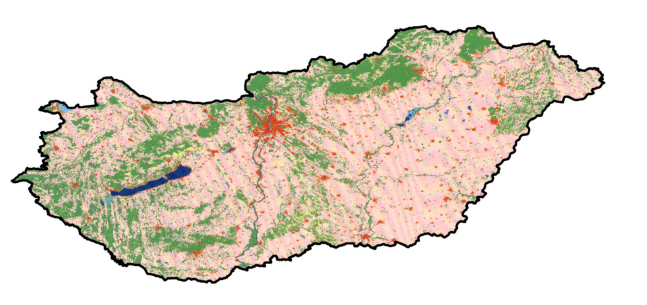

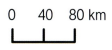

土地覆被类型

N

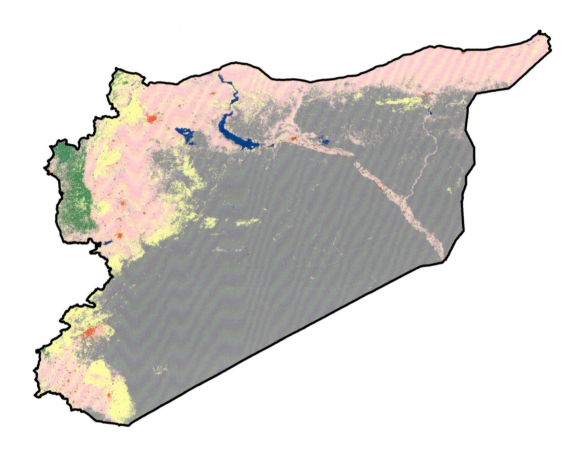

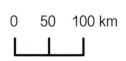

0   50   100 km

土地覆被类型

耕地　　林地　　草地　　灌丛　　建设用地

水体　　湿地　　荒漠　　苔原　　冰川积雪

N

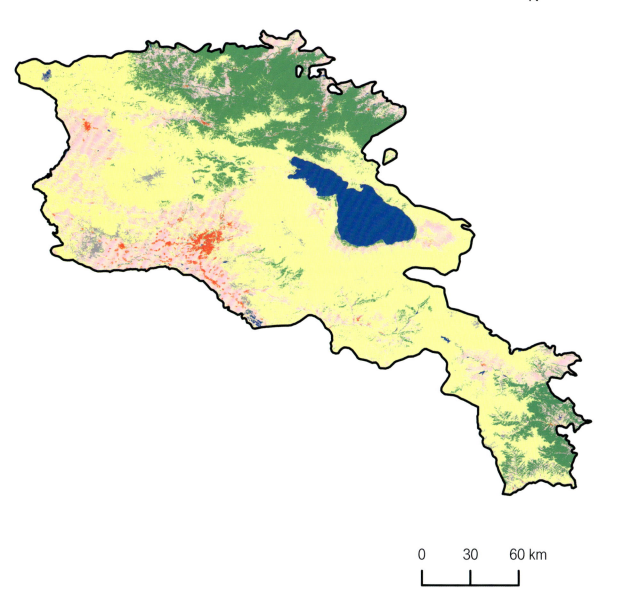

土地覆被类型

耕地	林地	草地	灌丛	建设用地	
水体	湿地	荒漠	苔原	冰川积雪	

0　　　30　　　60 km

N

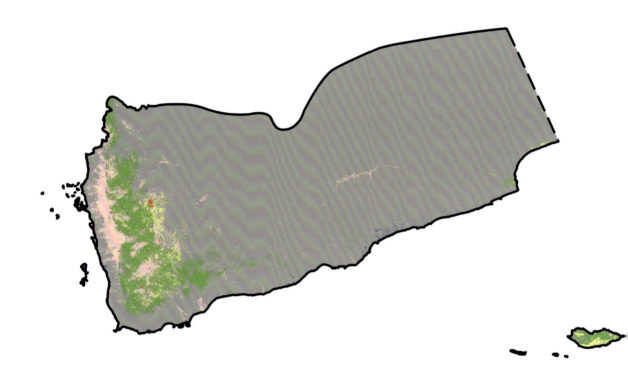

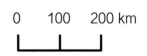

土地覆被类型

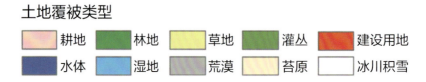

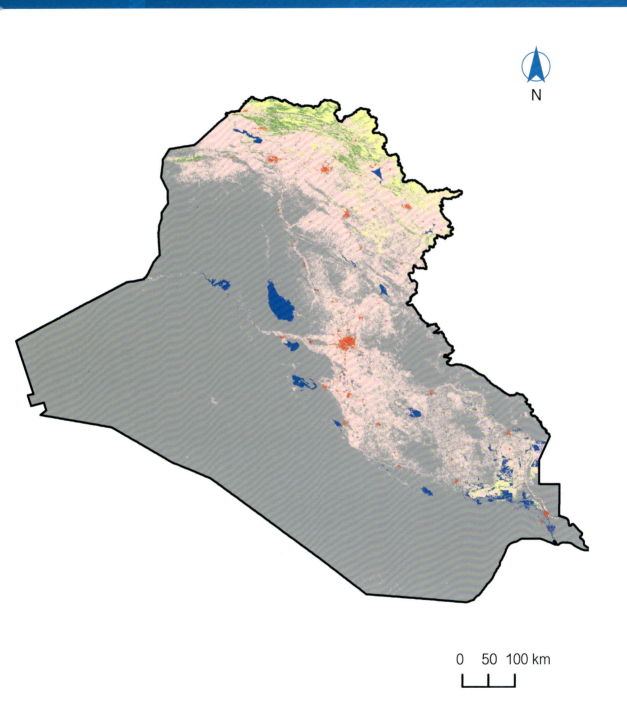

N

0 50 100 km

土地覆被类型

耕地　　林地　　草地　　灌丛　　建设用地
水体　　湿地　　荒漠　　苔原　　冰川积雪

N

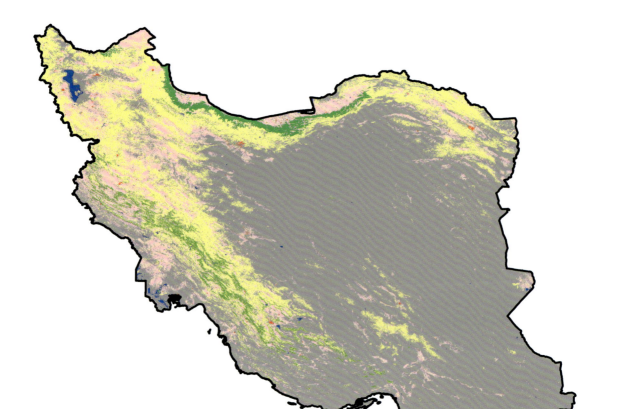

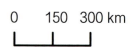

0   150 300 km

土地覆被类型

耕地	林地	草地	灌丛	建设用地
水体	湿地	荒漠	苔原	冰川积雪

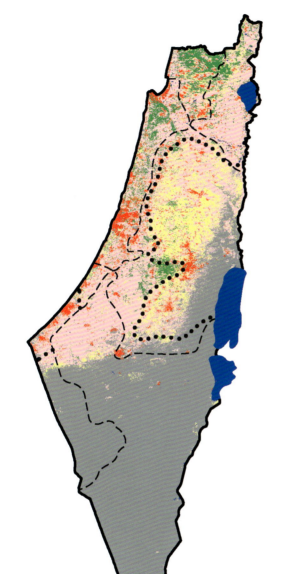

N

――― 1947年11月联合国安理会决议所规定的"犹太国"（以色列）疆域

••••• 1949年巴勒斯坦地区以色列和阿拉伯国家的停战界线

根据1947年联合国通过的巴勒斯坦分治决议，耶路撒冷应由联合国托管，目前耶路撒冷由以色列实际控制。

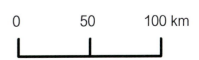

土地覆被类型

耕地　林地　草地　灌丛　建设用地

水体　湿地　荒漠　苔原　冰川积雪

印度

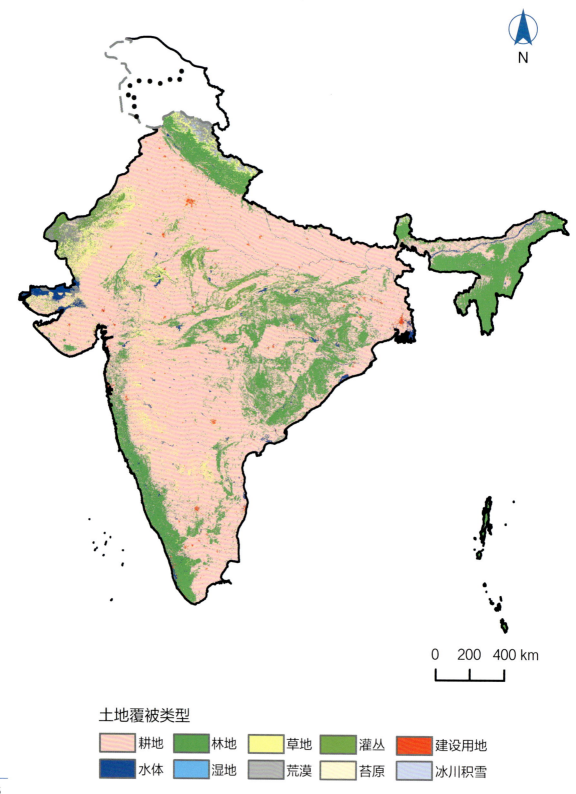

N

0 200 400 km

土地覆被类型

耕地	林地	草地	灌丛	建设用地
水体	湿地	荒漠	苔原	冰川积雪

N

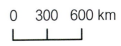

0　300　600 km

土地覆被类型

耕地　林地　草地　灌丛　建设用地
水体　湿地　荒漠　苔原　冰川积雪

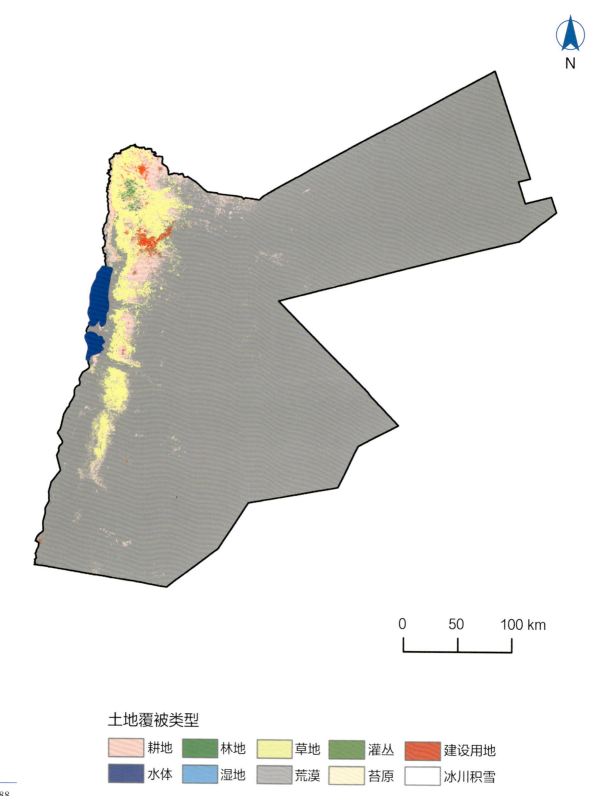

N

土地覆被类型

耕地　林地　草地　灌丛　建设用地

水体　湿地　荒漠　苔原　冰川积雪

0　50　100 km

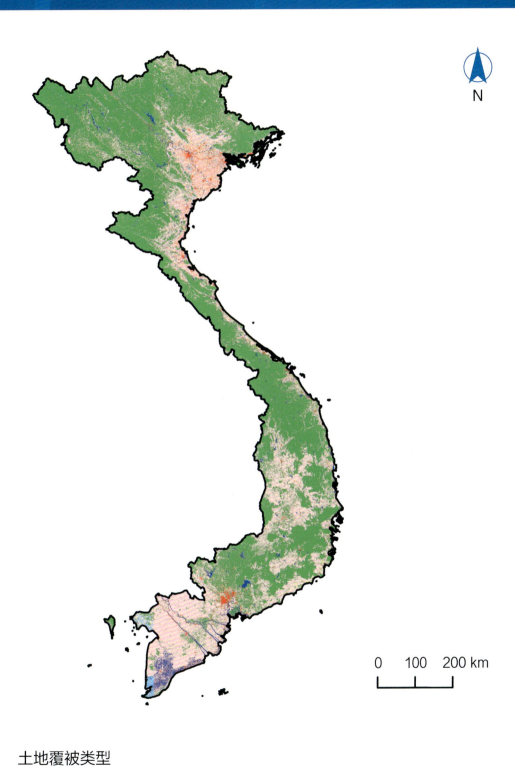

土地覆被类型

耕地	林地	草地	灌丛	建设用地		
水体	湿地	荒漠	苔原	冰川积雪		

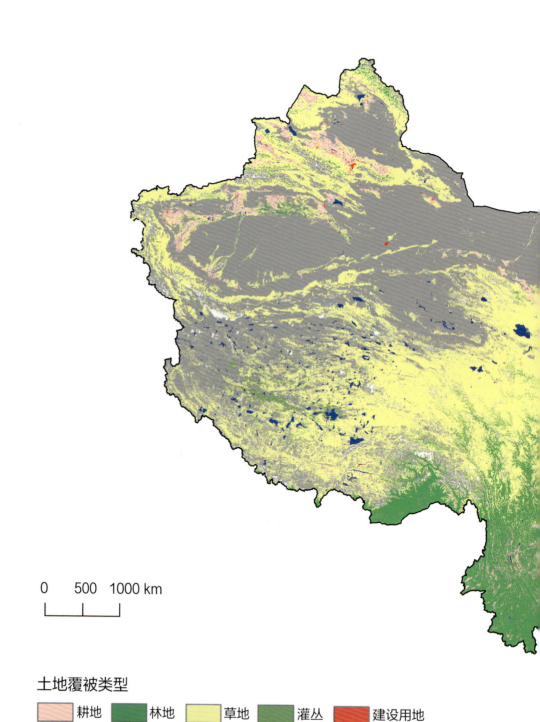

0   500 1000 km

土地覆被类型

耕地	林地	草地	灌丛	建设用地
水体	湿地	荒漠	苔原	冰川积雪

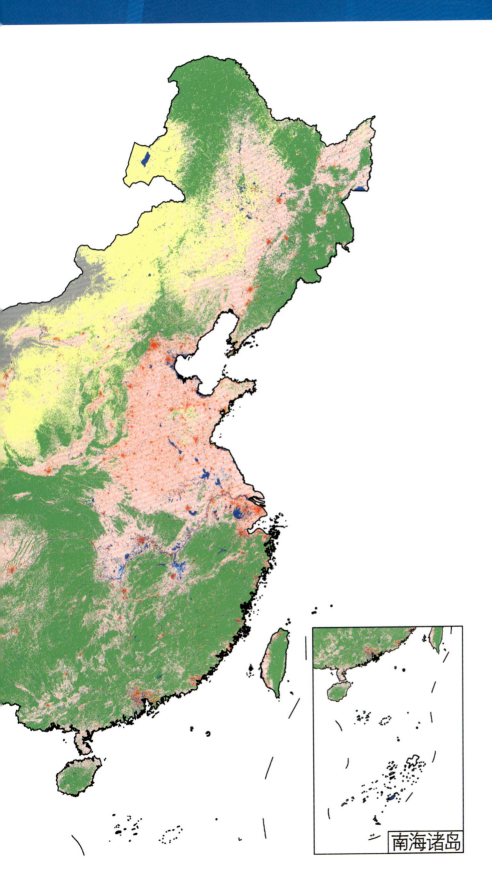

南海诸岛